The Art of Listening

マンガで読み解く

プロカウンセラーの聞く技術

原作・東山紘久
Hirohisa Higashiyama

漫画・早川恵子
Keiko Hayakawa

作画スタッフ／バディプロダクション

創元社

The Art of Listening

プロカウンセラーの聞く技術

―目次―

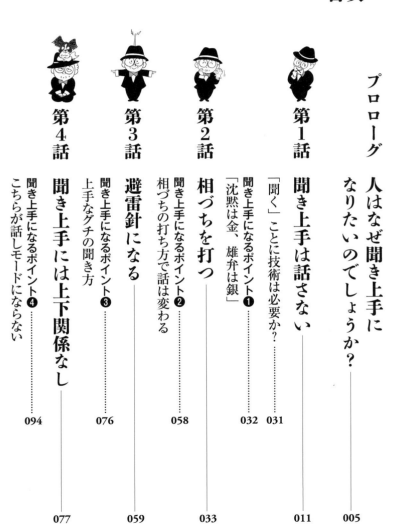

★この作品はフィクションです。実在の人物・団体・事件などには、一切関係ありません

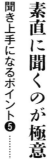

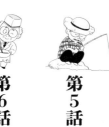

プロローグ

人はなぜ聞き上手になりたいのでしょうか?

嘘のない、信頼できる人間関係をもつためには
相手の話を聞くことが必要です。
聞くことは相手を理解することです。

ん
アプリが光ってる!?
ピッ
Listen
Seting
Music
Galley
やアみなさんLISTENアプリを開いてくれてありがとう
私は管理人のトーザンと申します

突然ですがみなさん
人の話を「聞きすぎた」という反省をしたことはありますか?
え?
しゃべりすぎたならある?
そうでしょう
ほとんどの人は
話をする方が好きなのです

CAFE GABA
OPEN
今日はお気に入りのカフェで
一服しようと思ってます
さきほどからあのお二人
お一人の方が一方的にしゃべっていますね
相手の方が話を聞くのを好きならいいのですが…
はァ〜
よくしゃべる人あきれちゃう
うふふこの人
人の話をよく聞いてくれるわ
うーんやはり二人の間にズレがおきていますね

人間関係は相互理解から成り立っています
一方的に話してばかりだと
彼女はあなたのことがわかるけど
あなたは彼女のことが何もわかりません
われわれはつねづね嘘のない信頼のおける人間関係をもちたいと思っています
そのためには相手の話を聞き
相手を理解することが必要です
でも人の話を聞くのは意外と大変
苦行になることさえあります
そこで!!
ぐいっ

さァ みなさん

LISTEN

「聞き上手」の練習を始めましょう

第1話

聞き上手は話さない

**相づち以外はしゃべらず
相手の話を素直に聞く。
相手の気持ちを理解し、立場を思いやることが
聞き上手への第一歩です。**

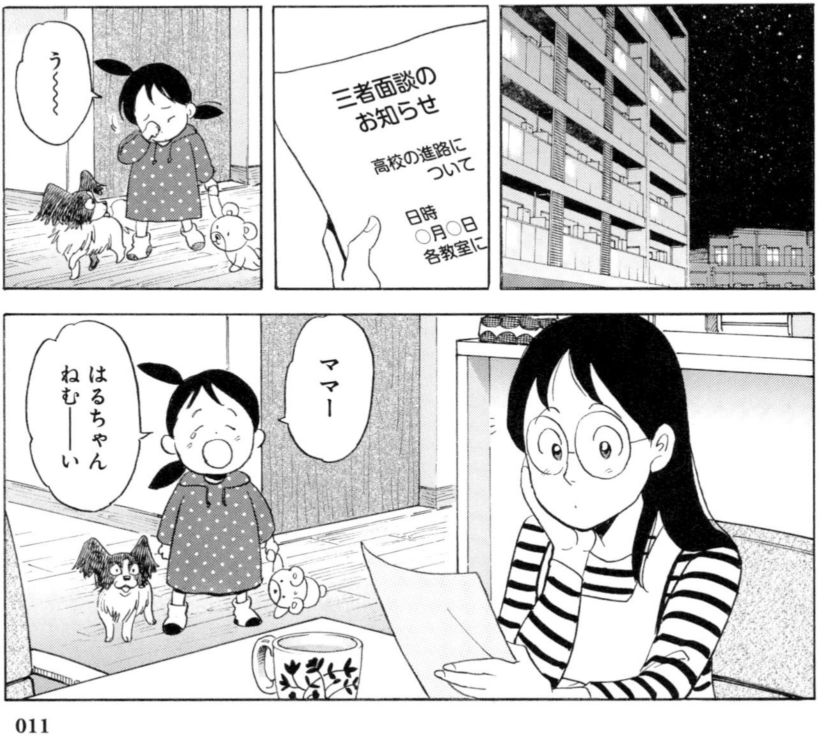

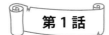

はいはい
じゃ歯みがきしようね
アハハハハッ
ちょっと楓《かえで》
テレビばっかり見てないで明日の準備したの
なあにその態度
はるちゃん一緒にねよう
もう
プルルルルル
パパ
ごめんママ今日は次長と飲むから遅くなる
パパはまた〜〜〜
なつき!!
スマホばっかりいじってないの

ちょッ
ちょっと なつき!?
来週 三者面談が あるでしょ
もう 志望校 決めてるの!?
うるせェ
なによ
もう!

だから
オレは
嫌い
なんだよッ
今日のミスは
明らかに
林《はやし》部長だよ
それを
柊《ひいらぎ》くんに
押しつけてだな
自分は
知らん顔と
きたもんだ
いや
秋田《あきた》次長
今日のミスは
ぼくにも責任が
あるんです
かばわなくたって
いいんだって
いや次長
本当に…
だいたいさ
部長は
プライドが
高いんだよ

でも 上の連中には ペコペコして 部下には 上司風 ふかすんだよ な〜〜〜
あれじゃ 部下は ついてこない ってーの
そう思う だろ〜〜〜 柊くん
なァ そう 思うだろッ
は…
はァ…
次長 しっかり
タクシー 来ましたよ

ガチャ ガチャ
0:15
パパ おかえり…
パパ!?
WC
ゲェ〜〜ッ

はい
お水
コト。
パパは
お酒弱いん
だから
加減して
飲みなさい
よ
うん
なんかさ
次長と飲むと
飲んだ気が
しなくて
つい 飲みすぎ
ちゃうんだよな
ねえ
パパ
ちょっと
なつきのことで
話が
あるんだけど
ガタ

ごめん
ママ
今日は
次長の話を
聞きすぎて
もう頭パンパン
なんだ
でも
それは
仕事の話
でしょ
これは
家の話
なんだから…
わかって
いるんだけど
今日は
かんべんして
ちょっ
ピシャ
もう！

何がかんべんして…よ
自分だけがつらいと思ってるんだから…
ウッ
ウッ
すみ…ま…せ…
う…
パパまたうなされてる…？

翌日
ドンッ
ドンッ
ちょっと なつき なにやってんの!?
仕方ねぇだろ 父さんが 1時間も
トイレに 入ってんだぞ
ガチャ
ご… ごめん
なんか 消化不良 おこしてて…
ヨロ…
も～～～ くせーな
パパ すごいくま だね

…………
プルルルルル
パパ
ごめんママ
今日残業
遅くなる
……
ピッ
ピッ
ん
何
このアプリ
光ってる
……!?
ピッ

パッ
いや〜〜〜 ママさん LISTENアプリ 押してくれて ありがとう
わしは 魔法使いの トーザンと いいます
わーッ 削除せん といて〜〜〜ッ
なーなー ママさん 最近の パパさん
すごく疲れてて 眠れて ないんやない？

え…
しかも飲みこめない話ばかり聞いて
消化不良をおこしとるんやない？
消化不良……？
吐いたりゲリしとるんやない？
でもママさん安心して
パパさんを元気にする魔法があるんや
ど…どんな⁉
ピース⁉
200円の課金や
…………
冗談や冗談や
ワン ワン

まずママさんに
聞き上手になってほしいんや
本日の営業は終了しまし
ガコン

ニャー
カチャ
ただいま
パパ
おかえり
あれ
どうしたの
寝てて
いいのに…
一杯
つき合ってよ

まずママさんにはゆったり構えてほしいんや
ぷはッ
うーんおいしい♡
ハハいい顔
じつはさ…

話はきっと
パパさんから
切り出すから
本当だ
それを
一時間くらい
素直に
聞くだけで
いいんや
今さ
部長と次長が
対立しててさ
職場が
２つに分かれ
ちゃってるんだよ
うん
うん
相づち以外は
しゃべらずに
でも
今から始まる
プロジェクトは
みんなで
とりかからないと
とても間に
合わないんだ
ママ…
なにか
いい方法
ないかな

もし意見を聞かれたら自分の意見は手短にな
文章にすれば一行以内が理想じゃ
そうね
見つからないときは考えとけばいいんじゃ
うーーん
………
うーーん
………
やっぱり
課長としての自分の考えを前面に出して引っぱっていかなきゃな

うん
きっと
パパさんは
30秒もしない内に
自分の考えを
述べたり
ママさんに
このように
言ってほしいという答えを
提示してくれるはずや
ぐがーー
ぐがーー

ピッ
パッ
ママさん
グッジョブ!
パパさん
よく眠れてる
ようやな
はい
トーザンさんの
魔法が
効きました
ありがとう
ございます
いやいや
ママさんが
聞き上手
やったんや
あの
でも…
毎日
一時間
聞くのは
つらいかも
大丈夫や
ママさん
こんな風に聞く
必要があるのは
年に一・二回や
日常
聞く耳さえ
もてば
心は
健康になる
んじゃ
そっか
また
困ったら
押してや
次は
300円の
課金
やけどな

「聞く」ことに技術は必要か？

本書の親本である**『プロカウンセラーの聞く技術』**の初版本が刊行されたのは、二〇〇〇年九月のことでした。以来、毎年、何回も刷りを重ね、今なお多くの支持をいただき、四〇万部を超えるロング&ベストセラーになりました。

なぜ、「聞く」ことについての本がこんなにも売れたのでしょうか？

The Art of Listening
プロカウンセラーの
聞く技術
東山紘久
阿川佐和子さん推薦
この本を読むと、
自分が今までどれほど
人の話を聞いていなかったか
に気がついて、
思わず吹き出してしまう。
40万部突破！

四六判、並製、216 頁
定価（本体 1400 円＋税）
ISBN978-4-422-11257-2

刊行当時、「話す技術」「伝える技術」についての書籍はたくさんありました。ですが、「聞く技術」について説いた本は、ほとんどありませんでした。だれもが「聞く」ことに、なにか特別な〝技術〟や〝訓練〟が必要だとは考えていなかったのだと思います。

そういう意味では、本書の親本の『聞く技術』は、私たちの多くが、「聞く」ことのむずかしさに気づき、自分がいかに人の話を聞いていなかったかということに思い到る一つのきっかけにもなったと言えましょう。

またそれと同時に、人と人とのコミュニケーションにおいて、聞くことがいかに重要な役目を果たすかを改めて認識することにもなりました。

＊　＊

本書**『マンガで読み解く プロカウンセラーの聞く技術』**には、誰もが経験しそうな日常の場面の中に、親本の説く**「聞き上手になる」**ためのエッセンスが、とてもわかりやすく織り込まれています。

本書を読むことで、一人でも多くの方々が人の話を聞くことの大切さに気づき、聞き上手になるための一歩を踏み出して、よりよいコミュニケーションを育んでいってくださることを願ってやみません。

聞き上手になるポイント❶

「沈黙は金、雄弁は銀」

古来、話すことよりも聞くことの重要性がくり返し語られながら、私たちはどうも、聞くことよりも自分が話すことのほうが好きなようです。それは、人の話を聞くよりも、自分が話すほうが楽だからでもあります。

あなた自身も、誰かと話しているときや会議の最中に、相手の話の内容よりも、次に自分が何を言おうかということに意識が行ってしまっていた、というようなことはないでしょうか？

それは、本来私たちは、自分の話を聞いてもらうことのほうが、人の話を聞くことよりもずっと好きだからです。

私たちはまた、悩みがあるときに、それを人に話すと楽になることを知っています。ですが、話が一方的に長く続くと、聞き手には負担になります。相手の気持ちを負担に感じず、こちらも話したくならないような聞き上手になるには、それなりの訓練が必要なのです。

本書では、そうした聞き上手になるための具体的なコツを、スマホのアプリの主人公「魔法使いトーザン」を通して、わかりやすくお伝えします。

＊　＊

本書【第1話】でトーザンが柊家《ひいらぎけ》のママさんに伝授したコツは、**「聞き上手は話さない」**ということでした。相手を緊張させないように、ゆったりと構えて、一時間ほど相手（ここではパパさん）の言うことを黙って素直に聞く。相づち以外、こちらからはしゃべらない。すると、必ずと言っていいほど、相手から話を切り出してくる、とトーザンは伝えます。

相手に反論したいときも、話をよく聞いてあげると、相手も自然とおだやかになり、反論しなくてもすむようになります。これこそが、聞き上手の醍醐味です。

それでもまだ、自分がしゃべりたいと思う人がおられたら、その場合は、あなた自身の心にたまっているものを、まず聞き上手な人に聞いてもらいましょう。あなたが誰かの話を聞くのはそれからです。

第２話

相づちを打つ

聞き手の肯定的な態度が
相づちを打つことで話し手に伝わります。
相づちの種類を豊かにし、
どこでどう打つのかが重要です。

キャー
ごめんね 柊《ひいらぎ》さん
忙しくなかった?
ううん 外に出てたし
今から「カドマツ」に買い物に行こうと思ってたから
え… カドマツって
3駅先にあるスーパー!?
そう あそこ安いから
自転車で行くの
くすっ
やっぱり専業主婦は1円でも「安く!」よね
?

私さ
専業主婦の
友人に
よく怒られる
のよね
コンビニで
買うなんて
ダメ!!
1円でも安く
スーパーでって
でもさ
働いてると
ついお金より
時間を
おしんじゃって
あッ
ねえ
相談って…
それでね
その友人と
時々ランチに
行くんだけど
絶対
ファミレスなの
ほら
ドリンクバーが
あるでしょ
そこで
4時間も
ねばるのよ
・・・
せこいで
しょー
………
KAZU

あと服はプチプラでさ
ブランドものはリサイクルショップで買うんだって
ちょっと抵抗あるよね
……
まァその友人とは最近会ってないんだけどね
口開くたびに「節約」「節約」って
貧乏くさくって
んー

ごめん
急用
思い出して
話はまた
改めて
聞かせて
えッ
柊さん
ちょっと
まって
話が…
ごめんね
本当に
ごめんね
もう
話聞いて
くれるんじゃ
なかったのー

ママずる〜〜〜い自分だけ服買って
楓にも買ってよ〜〜〜
だ〜〜〜〜め
ザー！
なんでよ〜〜〜
え〜〜〜っ
そりゃうちが貧乏だからさ
貧乏じゃないわよッ
どうしたのママ…!?
急にムキになって…
………
コポポ

パッ
やァ
ママさん
こんばんは
おやおや
うかない
顔だね

トーザンさん じつは……
あーーッ わかっとる わかっとる モモちゃんママの 話を聞かずに 帰ってしもたことやな
えっ
モモちゃん ママは 友人の話を していただけ なのに…
貧乏くさいよね
せこい
つい 専業主婦は って ところで
自分の 悪口を 言われた 気がして…
リサイクルはちょっと
1円でも安く
まァ 人は自分から 遠い話ほど 客観的に 聞けるけど
自分と 関係してくると なかなか冷静に なれないもんや
相談あるって 言ってたのに
気分悪く したよね

安心せえ
ママさん
モモちゃんママと
元通りになる
魔法があるんや
ん？
どない
したんや
こわい顔
して
課金って
言ったら
削除しよう
と思って…
言わへん
言わへん
ホッ
まァ
話は簡単
なんや
本当は
後払い
やけどな

ママさん
話は
肯定的に
受け取ることが
大切なんや
肯定的
……
そうや
今日
モモちゃんママが
言ったことは
モモちゃんママの
思った意見として
認めることが
大切なんや
認める
そうや

ママさん
わし
このジャムパンが
好きなんや
ハイ
それや
ハイや!!
今 ママさん
「ハイ」と打った
相づちが
肯定的な
ものなんや
ハイ
あっ でも
ママさん
「ハイ」だけじゃ
あかんのよ

では
ここで楓《かえで》ちゃんと
相づちの練習を
してみようか
コンコン
ママ
ちょっといい？
いいわよ
どうしたの？
じつは最近ね
同じクラスのしょうくんと
よく目が合うんだよね〜〜〜
ハイばかりじゃ
あかんよ
そうなの

やっぱりさ これって 楓に気が あるってこと だよね
そうね
でもさ 男なら
もっと はっきりした 態度を しめしてほしい よね
本当ね
おふろ 入ってこよーっ
ママさん グッジョブ
その調子で 相づちの 種類を 豊かに するんや
はい。エエ。本当に。
そうね。そうそう。
なるほど。

じゃ
ここからは相づちの高等技術や
パ
ッ
んっ
ある日のパパさんとママさんの
会話から紹介するで
今日ね楓の担任から電話があって
楓の絵がねクラスの中で選ばれてコンクールに出展されるんだって
ポリポリ
ポリポリ
ちょっとパパ
聞いてるの
サッ

だから
楓の絵が
コンクールに
出展されるんだろ
すごいよな
はい
ストップ!!
今パパさんは
ママさんの言った
言葉を使って
話をくり返し
たよね
ママさん
どう思った？
まァ
ちゃんと
聞いてるなって…
これが
相づちの
高等技術の
「くり返し」や
くり返し

さすが
パパさん
やな——
そして
ママさん
大切なことを
覚えといて
欲しいんや
相づちは
どう打つかが
重要なんや
打ち方
一つで
相手を
傷つけることも
あるってこと
覚えといてや

はいはい
わかりました
今日中に
PDFで
送ります
はぁー
つかれた
ドサッ
ママ
おつかれでしゅねー
ちょっとモモ
机ちらかさないでよ
ママが片づけしなきゃいけないんだから
あ〜
誰か
掃除して〜〜〜
そうじ
そうじ
ピュポーーン

ハイハイ
あっ
ごめんね 急に
いいのいいの 適当に座って
今 お茶 淹《い》れるから
ほら モモ
机の上 かたづけて
はるちゃん ママだーっ
あ…あの 先日は 本当に ごめんなさい
話も聞かずに 帰っちゃって
やーだ もう 気にして ないわよ
ほら 座って

今日ね
モモちゃんの
パパ
出張
だから
ゆっくり
してって
ね
そう
ありがとう
どうぞ
あの
聞きそびれ
ちゃったんだけど
相談って
うん…
ちょっと
主人と
うまくいって
なくてね

やーーね
そんなのどこもよ
……そうかな
そうなの
そうだって
結婚して5年も経てば
相手のいやなところばかりみえて
こんちくしょうって思うことばかりよ
やだ柊さん
その顔!!
え〜〜〜
モモちゃんまで〜〜〜

なんか
安心した
そう
考えすぎ
アハハハ
ちょっと笑いすぎ〰
岡部
本当にあれで
良かったのかな……

パッ
ママさんグッジョブや
いい相づち打ててたで
トーザンさん
話…もっと深く聞いてあげた方がよかったかな…
パッ
あれッ
トーザンさん!?
パーッ
じつは主人とうまくいっていないの…

なんか
変なの
そうなの
…？
気になる
わね
忙しいせい
なのかも
しれないけど
あまり話を
しないし
私が
話しかけても
うわの空で
それは
変ね
浮気…
してる
のかな…
えッ
そんな感じ
あるの
いや…
ないことも
ないんだけど

すごい
相づちの打ち方で
話がどんどん深刻になってる
パッ
ママさんわかったやろ
相づちの打ち方が重要なことが
相手の話を深めるかそのまま終わりにするか
相づち一つでコントロール可能なんや
スッ
やーね
どこもいっしょよ
そーなの…

相づちは
よく切れる包丁と同じやで
人を助けもするが
傷つけもする
だからどちらもじょうずに使って
悪用したらあかんよ
スッ
え!!
えーっトーザンさん料理するの!?
トントントン トントン
今日は筑前煮やで〜〜

聞き上手になるポイント❷

相づちの打ち方で話は変わる

「話をよく聞いているよ」と相手に伝える最良のコミュニケーション手段は、相づちを打つことです。相手の話を聞いていないと、相づちは打てないものです。

プロカウンセラーの姿勢として重要なものに、相手の話を肯定的にとらえるということがあります。これは、相手の話す内容に賛成しているということではなく、**相手の言ったことは相手の(考えている)こととして認める**ということです。

【第2話】で、柊家のママさんは、モモちゃんママが話した友人の話を、まるで自分のことを言われたように感じてしまい、それ以上話を聞くことができませんでした。トーザンは、**「人間は自分から遠い話ほど客観的に聞けるが、自分と関係してくるとなかなか冷静には聞けない」**と共感しながらも、「モモちゃんママが言ったことは、モモちゃんママの思った意見として認める(受け取る)ことが大切だ」とママさんを諭《さと》します。そして、「ハイ」という相づちそのものが、肯定的なものなのだと伝えます。

また、相づちには他にもいろいろな種類があり、それを身につける大切さも語られます。娘の楓《かえで》ちゃんの話を聞きながら、いろいろな相づちの打ち方を練習するママさん。パパさんとの会話では、(プロカウンセラーも使う)相づちの高等技術「くり返し」についても知ることになります。

さらにトーザンは、相づちは打ち方一つで相手を傷つけることもありうること、相づちはどう打つかが重要なのだということをママさんに教えます。

その典型例として、ママさんがモモちゃんママのところに訪ねて行って話を聞く二つの場面が示されます。深入りせずに話を終わりにして明るく笑う場面になるか、どんどん深刻な状況に陥ってしまうかは、相づちの打ち方一つで決まってしまうのがよくわかります。

相づちはただ打てばいいわけではなく、相手の気持ちを思いやり状況を見ながら、どんなふうに打つかを考えることも重要なのだと言えるでしょう。

第3話

避雷針になる

相手のグチはたまらないうちに聞いてあげる。
聞き手はそのグチを忘れてためないこと。
グチを聞き流し自分サイドに引き込まない
避雷針のようなものです。

あれ
ゆい一人？
たつやは？
時間が
惜しいから
これからは
教室で
ご飯
食べるって
……………
でも
ひどい
よッ
まっ たつやは
医者志望
だから
勉強が
大変なんだな

教室で
全然しゃべって
くれないから
昼休み一緒に
すごすの
私が楽しみに
してるのを
知ってるのに
だよ
しかも
みてよ
これ
当分は
メールも
しない！
ラインは
嫌っていうから
メールで
がまんしてたのに
それもだめって
言うのよ〜〜〜
じゃ…
電話
すれば
……
バカ
メールがだめッて
言ってるのに
出るわけないでしょ

受験までの
間だろ
がまん
しろよ
たつやだって
つらいと思うぜ
自分だけ
悲劇のヒロイン
みたいに言う
なよ
そんなこと
わかってるの
でも

モゾモゾ
あ〰〰
オレなんで
あんなこと
二人のことなのに
言い過ぎたな…
LINEで
謝るか
いや…
直接…
なつきくん
安心せえ

ゆいちゃんの 機嫌が直る 魔法が あるんじゃ
え…えっと どなたさまで
トーザンって いうんや よろしくな
ええか なつきくん
きみが ゆいちゃんの 避雷針に なるんや

郵便はがき

5 7 8 - 8 7 9 0

料金受取人払郵便

河内郵便局
承　認
149

差出有効期間
平成30年9月
30日まで

(期間後は切手をお貼り下さい)

東大阪市川田3丁目1番27号
株式会社 創元社 通信販売 係

創元社愛読者アンケート

今回お買いあげいただいた本

[ご感想]

本書を何でお知りになりましたか(新聞・雑誌名もお書きください)

1. 書店　2. 広告(　　　　　　)　3. 書評(　　　　　　)　4. Web

5. その他(　　　　　　)

◉この注文書にて最寄の書店へお申し込み下さい。

書籍注文書	書　　　名	冊数

◉書店ご不便の場合は直接御送本も致します。

代金は書籍到着後、郵便局もしくはコンビニエンスストアにてお支払い下さい。(振込用紙同封) 購入金額が3,000円未満の場合は、送料一律360円をご負担下さい。3,000円以上の場合は送料は無料です。

※購入金額が1万円以上になりますと代金引換宅急便となります。ご了承下さい。(下記に記入)

希望配達日時

【　　月　　日 午前・午後　14－16 ・ 16－18 ・ 18－20 ・ 19－21】

(投函からお手元に届くまで７日程かかります)

※購入金額が1万円未満の方で代金引換もしくは宅急便を希望される方はご連絡下さい。

通信販売係　　Tel 050−3539−2345　Fax 072−960−2392

Eメール tsuhan@sogensha.com

※ホームページでのご注文も承ります。

〈太枠内は必ずご記入下さい。(電話番号も必ずご記入下さい。)〉

お名前	フリガナ	歳
		男・女
ご住所	フリガナ □□□-□□□□ E-mail: TEL　　－　　－	

※ご記入いただいた個人情報につきましては、弊社からお客様へのご案内以外の用途には使用致しません。

避雷針
そうビルの屋上とかにあるやろ
避雷針はな雷に落ちてもらうためのもので
その落ちた雷を地面に逃がして建物を守る設備なんや
それで…？オレが避雷針？
にぶいやっちゃな〜〜〜
ようするに雷はゆいちゃんのグチのことや
グチはためたらあかん!!
自分の体や人間関係を壊すことがあるんや

だから
なつきくんが
避雷針に
なって
ゆいちゃんの
グチが
たまらない
ように
積極的に
落として
もらうんや
そしたら
ゆいちゃんは
元気に
なって
たつやくんとも
うまくいくで
オレは？
オレは
どうすりゃ
いいんだよ
ゆいから
聞いたグチが
たまるじゃねーか
だから
ためこまずに
地中へ逃がせって
言っとるんや

ええか
なつきくん
グチの聞き方
には
コツがいるんやっ
まず
自分自身の
気持ちと
そのグチを
関係させない
こと
そして
グチの対象に
なっている
人を
かばわない
こと
スルー
グチ
グチ
スルー
グチ
グチグチ
オレ…
たつやのこと
かばってたな
たつやだって
つらいと思うぜ
そして
もう一つ
大切なこと
なッ
なに!?

何より親身になって
聞いてあげることが大切なんや
まっこれは
大丈夫そうやな
あともう一つ
グチの聞き方の極意があるんや
君のママさんが
得意なんやで
え…母さんのこと知ってるの!?
仲ええでうちら〜〜〜

はい
ここから
今日の
お昼の
井戸端会議の
様子を
見てみよか
ねぇねぇ
柊さんの
ご主人
最近
帰り遅い
みたいじゃない
あら
そうなの
お仕事
忙しいのね
やだっ
ただの
つき合いよ
つき合い
そういう
水野《みずの》さんの
ご主人こそ
出世なさって
お忙しいんじゃ
ないの
え〜
やだ〜〜〜
沢田《さわだ》さん
大した
出世じゃ
ないのよ
ただちょっと
給料が
上がってね
主人ったら
調子にのっちゃって
お正月は
海外行こうかー
なんて話が出るの

あッ
ハイ
ここ！
ママさん
グッジョブ
ねえ
今晩の
おかず
迷ってるの
よね〜〜〜
あッ
そういえば
「カドマツ」で
キャベツの
セールやってたわ
えっ
そうなの？
キャベツか
うち
ロールキャベツに
しよっかな〜〜〜
あッ
それいいわね
うちも
そうしよーっ
と
ハッ
どや
ママさん
うまいやろ
アハハ
ウフフ

相手の話を聞きながら水野さんの自慢話になるところを…
今晩のおかず
あっ
ママさんが切りかえて話を聞き流したんや
聞き流す……
そう
これがグチの聞き方の極意や
なつき――ご飯よ――
ほらご飯やて
食べといで
えっ
あっ
ちょっと!?

なんだったんだ あいつ
なつき兄ちゃん 早く 早く
ワウワウ
はいはい
どうせ ロールキャベツ だろ
ハンバーグだよ
早く座って 冷めちゃうでしょ
楓 ご飯よそって
はーーい
ハハハ…
聞き流してる〜〜
アハハ
どぉしたの？

日曜日
たつやと
出かけたん
だって
よかったじゃん
うん…
あっ
その顔は
たつやの
ことだから
近場で
すませられたん
だな
そうなの!!

映画に行く約束だったのに当日になって急にやめようって言いだして
どこに行ったと思う!?
図書館だよ図書館!!
ありゃ
そんなのデートって
言う!?
でもご飯は一緒に食べたんだろ
まぁーね
でも片手に
参考書もちながらよ
ぶっ
あったまにきて怒ったら反省して帰り自転車で送ってくれたんだけど
「お前デブった」とか言うのよひどくない!?
アハハハハ

はぁ――
すっきりした
なつき
聞いてくれて　ありがとう
グチを言わず　人の善だけ見て　生活するなんて　聖人にしかできません
グチは精神の浄化作用
自分と関係させずに　言ったり　聞いたりできると
自然の浄化作用が　できるように　なりますよ

上手なグチの聞き方

グチや怒りなどのドロドロした感情は、小出しにしていると大した害にはなりませんが、はき出さずに内にため込むと自分の体や人間関係に悪影響を及ぼします。

プロのカウンセラーは、グチでも怒りでも、話し手の中にたまった感情をはき出してもらい、それを自分自身の中にため込まずに上手に外に流し出します。ちょうど、雷の衝撃を受け止める避雷針のような働きをしています。

それではカウンセラーは、いったいどのようにして相談者から受けた強い感情を外に流し出すのかというと、聞いた話をすぐに忘れるのです。自分自身の気持ちとグチの内容とを関係させず、そのまま流し去ります。

自分の気持ちと相手のグチとを関連づけてしまうと、必ずといっていいほど、グチを言っている相手に批判的になります。ですから、グチを言っているほうも、聞き流してもらうほうがじつは楽なのです。

グチの聞き方の極意については、昔の主婦の井戸端会議から学べることがたくさんあります。相手の個人的なことは聞き流し、自分サイドに引きつけない、話を深めすぎず切り替える絶妙な聞き方、これこそ人間関係における主婦の知恵だと言えましょう。

グチはたまれば大きなストレスになりますが、逆に、聞き方によっては、いちばん楽に相手のストレスを取る効果があります。ですから、グチを聞いてくれる人がそばにいると、誰でも大きなストレスを防ぐことができます。

あなたも今日から、周りの人のグチの聞き役にトライしてみませんか。

【グチの聞き方のポイント】

- ●みずから避雷針となり積極的な聞き役になること
- ●相手のグチを自分の中に入れず、聞き流すこと
- ●自分自身の気持ちとそのグチを関係させないこと
- ●グチの対象になっている人をかばわないこと
- ●親身になって聞いてあげること

第4話

聞き上手には上下関係なし

質問には答えなきゃいけない質問と
答えなくていい質問の２種類がある。
人は聞いてほしい話を相手に質問する形で述べる。
上司ならば聞き上手は必須。

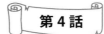

オレって
部長に嫌われてるんですかね？
あさりバター580
コーンバター340
えッ
いやーなんか
オレばっかり注意されてる気がするんですよねー
ハハハ
やだな安田くん違うよ
それは 君に期待しているからだって
あれーそうなんですか

オレもさー入社した頃
毎日のように注意されたもんだよ
へー
とくに部長の書類チェック！
いや〜〜〜
あれは地獄だった
ほら あの頃は手描きかワープロだろ
部長の直しが入ると書き直し打ち直しで大変だったよ
はァ…
でっ 気がつくと朝！
安田くんなんか会社に泊まったことないだろ
いや〜〜
若かったな〜〜〜
大変でしたね〜〜〜

でも
課長…
オレ…
他の同期と
比べると
やっぱり
多い気が…
だから
安田くんを
見込んでる
からだって
いこや
あっ
お姉さん
生おかわり
わりィ
ちょっと
トイレ
……
WC

じゃ 安田くん あまり気にしないように
ごちそうさまでした
営業中
課長なら
話… 聞いてくれると思ったんだけどな…
はァ〜
よっぱらちゃった〜〜〜
プルルルル
ハイハーイ

パパさんは
上司失格やーーーッ
パパさん
なんで安田くんに昔話なんかしたんや〜〜〜
あの どちらさまで…
トーザンやッ

はァ!?
ちょっと パパさん 能天気すぎるで
の… のうて…
ええか パパさん 質問には 2種類 あるんや
それは 答えなきゃ いけない 質問と
答えなくて いい質問や
はあ…!?
そんなの 当たり前 だろ

あの
すみません
駅はどっちに
行けば
いいですか？
えっと…
この角を
右に行って
あとは
まっすぐ
です
デレッと
しよって
なッ
パパさん
今のが
答えなきゃ
いけない質問
知っている人なら
みんな同じ
回答のものやで

だから
わかってる
ってば
じゃあ
パパさんは
なんで
答えなくて
いい質問に
答えたんや
へっ
さっき
安田くんが
パパさんにした
質問や
あれは
安田くんが
自分自身に
聞いた
質問やで
だから
答えなくて
いい質問
なんや
オレって
部長に
嫌われてるん
ですかね？

……じゃあ
オレはどうすればよかったんだよ
安田くんに
聞けばよかったんじゃよ
どうかしたの？
何かあったの？って
パパさん人はな自分の聞いてほしい話を
相手に質問する形で述べるもんやで
どう思いますか？

そうだよ
話…聞けばよかったんだ…
手がきかワープロ
なのにオレときたら
会社にとまってさー
自分の昔話なんかして…
いやー
若かったな
………
まァーそんな落ちこまんでええよ
安田くんが心を開いてくれる魔法があるんや
魔法…？

じゃ
各担当者の
みなさん
よろしく
お願い
します
安田くん
ちょっと
いいかな？
はぁ……
何だろう
……？

この資料
安田くんが作ったんだって
午前中の部課長会議で好評だったよ
とても見やすくてわかりやすいって
でもこれまとめるのに
時間かかったろ？
……そうなんです
かかりすぎて部長に要領悪いって怒られちゃって…
いや〜〜〜
これだけていねいだとかかるよ
うんかかる

オレ…資料づくり好きなんですよね
下調べや取材するの楽しくって…
部長はもっと大ざっぱでいいって言うけど
やっぱり細かくこだわりたくなっちゃって…
そしたら
期間過ぎてることが多くて…
オレ
やっぱり
要領悪いんですかね…

他の人が
どう言おうと
オレは
この資料
よくできてると
思うけど

トーザンさん
魔法が
効きました
聞き手が
話しモードに
ならないこと
そして
上位者主導の
会話にならない
ことを
心がけたら
安田くんは
笑って
くれました
じゃ
安田くん
また
頼むよ
今度
話を
聞いて
ください
あの課長
新しい企画案が
あるんです
人は
少し話を
聞いてあげるだけで
元気になるのですね

パパさん
グッジョブやで
上司の立場なら
聞き上手は
必須やで
はい！
身にしみ
ました…
これからは
ちゃんと
聞いていこ…
ドドドド
父さん
まだかよ
……
パパッ
早くしてー
もう
ちょっと
まっ…
待てない!!
ハイハイ
トイレは
1個しか
ねーんだぞ
もォ〜
おそい〜
楓
はなせって
レディー
ファースト
でしょッ
ちょっと
二人とも
けんかしないの
家では
上位者主導で
いきたいな…

聞き上手になるポイント ❹

こちらが話しモードにならない

日本では、基本的に個人の能力差を認めたがらず「みんないっしょ」の文化が主流です。ただ職場では年功序列が普通で、年齢の上の上司が会話を主導することが多いようです。

ですから上司と部下が会合をもつと、公的なものであれ私的なものであれ、上司のほうが圧倒的に多く話をしていますし、ときには上司しか話をせず、部下はみな聞き役ということも珍しくありません。こうした関係は、教師と生徒、親子の間でも見られます。

人間は聞くことによって相手を知ります。聞き上手な上司や教師、親は、自分の部下や生徒、子どもたちの話をよく聞き、自分独自の判断だけでは動きません。ですから、人の話をよく聞き相手を理解しようとする人は、どこでも人格者として慕われます。

【第4話】では、パパさんに安田くんが「自分は部長に嫌われているのかな？」と相談をもちかけます。パパさんはつい自分の昔話をしてしまい、トーザンに「上司失格！」と叱られます。

そして、質問には二つの種類があって、一つは答えないといけない質問、もう一つは答えなくてもいい質問なのだと説きます。人は、自分の聞いてほしい話を質問の形で聞くもので、そういう質問には自分で答えを出すしかない。だから、すぐに答えられないような質問には答えないで相手の心の声を聞くことが、聞き上手のコツなのだと教えます。

聞き手はつい相手に何か助言のようなことをしたくなりがちですが、助言をする際には、自分がすでに聞くモードから話しモードになっていないか注意しましょう。聞き手は話し手よりも偉いわけではないということを自覚しておくことも大切なことです。

話しモードにならず、また、上位者（上司）主導の会話にせず、ただ話を少し聞いてあげるだけで、人は元気になるものです。

第５話

素直に聞くのが極意

話をただ聞くのではなく、相手が話したいタイミングで聞いてあげることが大事。そして話を素直に聞いてあげる。

まってよ
さとちゃん まいちゃん
なんで二人で先帰っちゃうの
まってたのに〜〜
だって楓《かえで》ともちゃんと仲いいじゃん
だから一緒に帰るのかなーって

バイバーイ
……
ただいま……
しーん
ママ？
もんじ？
はるちゃん？
カタカタカタカタ

カタカタカタカタ
カタカタカタ
カタカタ
ママ…
ホッ…
あッ楓
おかえり
おやつちょっとまってね
ねェママ
ごめん
楓
後にしてくれる
これが終わったら話聞くから
カタカタカタ

はァー
つかれた
はるちゃん
ホイップ
クリーム
ぬる～
ねェ
ママ
ごめん
楓
ちょっと
休憩させて
後で
聞くって
いったのに
んっ
んっ
んっ
ブッ
やだ
はるちゃん
何やってるの
ニャハハハハ
楓
大丈夫!?

パチーン
ちょっと楓！たたかなくてもいいでしょう
あーん
あーん
ゴシゴシ
わざとじゃないんだから
うるさいッ
楓!?

楓が
はるちゃんを
たたいた?
そうなの
はるちゃんを
怒るなんて
めったに
ないのに
きっと
学校で嫌なことが
あったんだと
思うの
何か
話したそうに
してたのに
つい忙しくて…
ポンポン
コ!
コ!
KAEDE
楓――
パパ
アイス
買ってきた
んだけど
一緒に
食べないか
いらない
もう寝る

ねえ楓 学校で 何かあったの
お友達と けんかした？
もう 寝るって 言ってるやろ
楓ちゃんは 今話したく ないんや
二人共 今日は あきらめる んやな

トーザンさん
釣り
でも このまま ほっとけ ないもの
あれ ママ 知ってるの
パパも
まーまー 落ちついて 二人共
魚が 逃げるやろ
今日 楓ちゃんに 何かあったと しても
解決するのは 楓ちゃんや
誰もかわりは できへんのやで
それは そうだけど
まだ楓は 10歳だし 知識も少ないから 判断をまちがえるでしょ
じゃア
話を 聞かな あかんな

だから今
話を
聞こうと
お
きたで
よっしゃ
ザバババ
あぃ
プッ
あ〜〜〜
逃げられた
さおを
上げる
タイミングが
遅かったのね
そう
ママさん
タイミングが
大切なんや

今日楓ちゃんは
ママさんに話そうとしてたやろ
でもママさんは自分のことを優先させて聞かなかった
ごめんね
後にして
ちょっと休けいさせて
あれは
楓ちゃんをつきはなしたことと同じやで
話をただ聞くのではなく
楓ちゃんが話したいタイミングで聞いてあげることが大切なんや

ママ落ちこむなよ
考えるとさ
人が話を聞いてほしい時に聞いてあげるってむずかしいことだな
よく「後で」って言うけど
実際行動してないことが多いよな気をつけないと…
うん…お互いにね

母さん
マヨネーズとって
ガチャ ガチャ
はるちゃんもほしいー
しょう油も
………
いってきます
まって楓
ママもゴミ捨てに行くから

いってらっしゃい
ドサッ
あれ？
あの二人さとちゃんとまいちゃんじゃない？一緒に行かないの？
いってきます
…………

がーがー
けんかでもしたのかしら
それとも仲間外れ…？
ガー
やっぱり何かあったんだ
話 聞かないと
でも今朝の顔みると話してくれなさそうだし
ガーガー
かといってムリヤリ聞き出すのもな…
ガーガーガー
ママさん!!
トーザンさん

大丈夫や ママさん
楓ちゃんが 話をしてくれる いい魔法があるんや
今回は 犬のもんじくんに
協力して もらうんや
もんじ!?
話を 聞く時はな いい雰囲気が 大切なんや
きっと もんじくんが いい役割を してくれるで
ふァァー…
そして ママさん
大切なこと 教えるで

ただいま
よしよし
楓
ママ買い物あるから
もんじの散歩にいってくれる
ヘッ
ヘッ

どうしよう
今朝のこと聞いてみようかな
でも聞きだしちゃ
だめだから
……
?
ピタッ
あれもんじ
どうしたの急に止まって
もんじ!?

あら
祭
ぐいぐい
もうすぐ秋祭りね
今年もさとちゃんたちと行くの？
今日さ さとちゃんとまいちゃんが
二人でお祭りに行こうって約束してたんだ
え
どうして二人な…

ええか
ママさん
話を聞いたら
自分の思いは
相手が聞くまで
胸にしまって
おくんや
どうして
楓は
誘われ
なかったの
何か
あったの
けんかでも
した
自分の
思いは
しまう
しまう
そう…
二人で行こうって
言ってたの
しかも
わざわざ
楓のいる前
でだよ
ひどい
でしょ

そして話を素直に聞くんや
うーん
それひどいね
この前さ席がえがあってねともちゃんって子のとなりになったの
楓すごく 気が合っちゃって
トイレとか移動教室一緒に行くようになってね
それでこの前1回だけともちゃんと一緒に帰ったの
そしたらさとちゃんとまいちゃん楓をおいて二人で帰るようになっちゃって
………

でもね ママ
楓 ともちゃんも 誘って 4人で お祭りに 行こうって 誘おうと 思ってるんだ
よし
もんじ 走るよ
祭
祭

子供は
苦くつらい経験から
学ぶものです
親が
とがめたり
口出ししたり
教えたりすることは
子供の成長にとって
大きなさまたげとなります

もう
楓は
自分で
解決できる
のね

ヘッ
ヘッ
ヘッ
よし！
ワホーッ
おっ今日は肉多めのご飯やね
はい 楓と話すいいきっかけを
作ってくれたお礼です
ガツガツガツ
MONJI
でもトーザンさん 楓があんなに成長してるとは思いませんでした
驚いたやろ
子供はな5歳以上になれば8～9割自分でできるもんやで
親ができることは悩みを批判したり助言することではなくただひたすら聞けばええんじゃよ
なんかさみしいな
ママさん子離れせなあかんよ
ウウウ

聞き上手になるポイント ❺

タイミングを逃さず聞く

話を聞いてほしいときに、いつでもタイミングよく自分の話を聞いてもらえるということは、日常ほぼないのではないでしょうか？

【第5話】でも、学校から帰ってきた楓ちゃんはママさんに話を聞いてもらいたそうでしたが、「後にして」と言われてしまいます。

職場で相談したいことがあっても、忙しそうにしている上司に声をかけづらいと思っている人は多いのではないでしょうか。誰かに何か相談したそうな様子が見えたときは、タイミングを逃さず話を聞けるようになりたいものです。

こんなふうに、話はただ聞けばいいわけではなく、相手が聞いてほしいと思っているまさにそのタイミングで聞いてあげることが大切で、それを逃すとなかなか心を開いて話してはもらえないものです。簡単ではないですが、自分の都合を優先させず、つねに相手中心に考えるのが聞き上手のポイントです。

また、ここで取り上げられている「素直に聞く」という聞き方ですが、そもそも、何が「素直」なのかと考え始めると、じつは意外とむずかしいものです。

相手に素直であるのと、自分に素直であるのとを区別する必要があります。相手のことは、相手の思いのままに聞き、自分の思いは相手が聞くまで胸にしまっておきましょう。相手が聞かない以上、話す必要はありません。そうして、ただただ相手の言うことを聞くのです。批判したり、助言したりするのではなく、あれこれたずねることもせず、ただ素直に聞く、これが聞き上手のコツです。

楓ちゃんも、ママさんに自分の気持ちを聞いてほしかっただけで、何か意見を言ってもらいたかったわけではなさそうです。子どもは、意見を求めるときは直接たずねてきます。そうでないときは、口出ししたり、とがめたりせず、黙って話を聞いてあげるのがいちばんです。そのうちに、子ども自身がびっくりするような解決策を見つけ出すことだってあるのです。

第6話

説明しない

**相手が感情を出したときは、
論理的な説明をしないで、
相手の感情を受け止める会話をする。**

あれ 姉ちゃん
もう 来てたの
大介《だいすけ》
お母さん 右手骨折 だって
ありゃ
おかーさーん
一体 どうして 転んだの
お金を 振り込もうと
あわてて ATMに行って 転んだんだって
もしかして ……
そう 振り込め詐欺
これで 2回目よッ

でもね
大介の声だと思ったのよ
母さん約束したでしょ
お金の話がでたら本人に確認するって
でも…
あの切羽つまった声きいてると本当かと思っちゃって…
しようと思ったのよ
チーーン。

トクトクトク
ゴクゴクゴク
パパ
もう一杯
ママ…飲みすぎだって
飲まなきゃやってらんないの〜〜
あと一杯だけだよ

でも
お義母さん
利き腕
折ったなら
当分不便だろ
大丈夫よ
大介が
一緒にいるんだから
あの子 独身だし
家事得意だもの
……
ねぇ
パパ…
人はさ
一度
だまされたら
懲《こ》りて
人を信じなく
なるもんじゃない
前回
20万も振り込んで
痛い目に
あってるのに
なんでまた
引っかかるの
かしら…

ねえ ママ
因幡《いなば》の白ウサギって知ってる？
ウサギはワニザメをだましたため
皮をはがされちゃうんだ
そして荒ぶる神々の言うことを聞いてよりひどい目にあうけど
ウサギは大国主命《おおくにぬしのみこと》の言葉を再度信じて救われるんだ
この話を聞いた時
ウサギがお義母さんに似てるな〜って

なによ
似てるって…
人に
だまされても
また
人を信じる
ところ？
そうそう
オレね
お義母さんの
そういう
ところ
好き…
だまされ
るのにも
限度が
あるっ
つ――の
あっ
明日お義母さん
手術だろ
会社帰りに
病院
寄ってくるよ
ぐーっ

え　大介くん
長期海外出張!?
すみません　義兄《にい》さん
急に決まっちゃって……
あっ　お義母さんのことなら大丈夫だよ
退院したら家《うち》に来てもらうから
……
ん?
義兄さん　ちょっと

じつは
お母さんが
姉ちゃんの
ところには
行かないって言うんだ
嫌だとか
じゃなくてね
迷惑ばかり
かけられないって
遠慮してるんだ
でも
利き腕を
骨折した
ので
きっと
ご飯や
洗たくも
ままならないと
思うんだ
そりゃ
そうだよ
悪いんだけど
義兄さんから
姉ちゃんに
お母さんを
説得するように
頼んでもらえ
ないですか？

パパ
お母さん
どうだった?
うん
手術成功して
ホッと
してたよ
明日
退院だって
そう
よかった
パパ
行ってくれて
ありがとうね
マ…
見える

パパさんが説得を失敗する姿が見える〜〜〜ッ
…………
トーザンさんオレ…
ママを説得する自信ないんですよね…
えっ大介が海外出張に
パッ

うん 急に 決まった みたいで
明後日 からだって
そう… じゃ お母さん
明日から 家《うち》に 来てもらわ なきゃね
キュ キュ
カチャ
はァ!?
迷惑を かけたくないから 家《うち》には 来られない?
何を 今さら
そういう とこが 迷惑だって 言ってんの!
まァまァ お義母さん 遠慮して るんだよ
だからさ 明日二人で 迎えに行って お義母さんを 説得しような

いやよ
なんで そんなこと しなきゃいけないの
でもお義母さん 利き腕を 折ってるんだぞ
生活まま ならないの わかるだろ
わかってる わよ
じゃア 一人で ほっておく のか？
もし 地震や火事が あったら どうするの

そんなこと
わかって
いやだって
言ってるの
はい！
ここまで
パ
はい
残念
説得
できへん
かったな〜〜〜
まァ
落ち込まんで
ええよ
この場合は
仕方ないんや
やっぱり
けんかか…

男性はな論理的に話そうとする
しかし女性はそれを感情的に受けつけないいんや
思考と感情は拮抗する心理機能なんじゃ
だから話し合いも
決裂して結論が出ないことが多いいんやな
じゃ…どうすれば
安心せえパパさん
いい魔法があるんじゃ

はァ!?
迷惑を
かけたくないから
家《うち》には
来られない?
なにを
今さら
そういう
とこが
迷惑だって
言ってんの!
ザ
まァまァ
お義母さん
遠慮して
るんだよ
だからさ
明日二人で
迎えに行って
お義母さんを
説得しような
いやよ
はい
来た!

ええか
パパさん
ママさんの
感情が
出てきたら
次の会話は
論理的な
説明を
したら
あかんで
そっか…
いやか…
まず
説明をやめ
相手の感情を
受け止める
会話に
変えるんや

お母さんって いつも そうなの
できも しないのに 一人でやるやるって 言うの
カチャ カチャ
そっか…
ガチャ ガチャ
そうなの
それで 結局 一人で できなくて
みんなに 迷惑かける パターン なの
そっか…
お義母さん そうなんだね
だから 説得 しなくても
泣きついて くるわよ
ガチャ ガチャ

さっ
お風呂
入ろーっと
キュ
トントン
………

大丈夫よ パパ
明日 ちゃんと 迎えに 行くから
嫌がったら
首ねっこ つかんででも 連れてくるから
パタンッ

トーザンさん
魔法が
効きました
よかったな
パパさん
相手の感情を
受け入れる
ことで
夫婦二人
成長することは
よくあること
なんや
じゃ
明日から
また
大変やけど
頑張りや
…………
おやすみ～～～
へっ
ママさんと
おばあちゃん
ひと悶着
あるで～～～
きっと

聞き上手になるポイント ❻

感情が出てきたら要注意

【第6話】 では、柊家の夫婦の会話を通して家族の中でよく見られる気持ちのすれ違いや会話のズレを考えます。

柊家のパパさんとママさんが怪我をしたママさんのお母さんの話をしています。ママさんは、自分の母親が遠慮して娘の世話になりたいと言えないのだということを頭ではちゃんと理解しています。それでも、どうしても自分の口から「家《うち》に来れば」と言えないでいます。「遠慮していると言いながら、いつも最後にはもっと迷惑をかけることになるんだから」という腹立ちの気持ちが先立ってしまうのでしょう。

パパさんは、「家《うち》に来るようお義母さんを一緒に説得しよう」と言いますが、ママさんは嫌だと言います。人間は頭で理解していても、感情が拒否するような行動をとることができないものです。

こうした場合、ふつう男性の多くは正論で相手を説得しようとしますが、会話の中に感情が出てきてしまうと、理屈は役に立ちません。男性が論理的・思考的な説明をすればするほど、女性のほうは相手が自分の気持ちをわかってくれないという思いを募らせますし、男性は男性で、どうしてこれだけ言ってもわからないのかと、女性に腹を立てることになります。このように、相手の話を聞いているときには、しばしば相手の気持ちや心に対する理解力が問われることがあります。

ではどうするのがよいかというと、相手が感情的になってきたときには、こちらは（論理的な）説明をやめて、「そうか、いやなのか」「そうなんだね」と言って、まず相手の感情を受け止めるようにすることです。反論や説得をせずに、相手の気持ちを受け入れることによって、パートナー同士が共に成長することはよくあることです。

家族や友だちなど、自分にとって大切な人を失わないためには、つねに相手を理解しようと心がけることが大切です。

第7話

LISTENせよ、ASKするな

聞く態度の基本は、聞き手と話し手が対等な人間関係を持っていることです。聞き手との対等感が感じられた時から、人は話し始めます。

ん
なつきー
コンコン
いるんでしょ
おばあちゃん来たわよ
あいさつしなさい
ドンドン
寝てたらどうするの
そんなにドンドンしちゃ悪いわよ
でも…
ガチャ

ばぁちゃん
なつき
けがしたって
聞いたけど
大丈夫かよ
大したこと
ないのよ
……
一週間
お世話に
なるけど
よろしくね
一週間!?
もっと
いればいいのに
そういえば
メール
みてくれた?
ああ
見たよ
写真ついて
たね

へ〜〜〜
二人仲良いのね
トントン
ウ〜ウ〜
とう子《こ》
何か手伝えることあるかい？
大丈夫よ座ってて
けが人なんだから

あ〜〜 とられちゃった〜〜〜
はるちゃん とばないと だめだよ
ワウッ
ワウ
楓ちゃん ボウリング やろ
いいね〜〜〜
おばあ ちゃん
ゲーム 興味あるの
だめかい
なんか 楽しそう だなって 思って
ううん 一緒にやろ
やろ〜〜〜 やろ〜〜〜
左手でも できるかい？
ワウウ

おばあちゃん
いま！
いま！
こうかい？
キャー
キャー
いいよ〜〜
……
ムリしちゃって
……
あッ
パッ
ママさん
おばあちゃんは
ムリしとらんよ
本当に
ゲームに
興味を
もったんじゃよ
自分が
興味のない話を
聞くことは
相手を
理解する
チャンスなんやで
チャンス
……
ガチャ
おっ
ばぁちゃんも
やってんじゃん

あれっ
お兄ちゃん
なつき
勉強
いいのかい？
オレも
やろ
休憩
休憩
何やってんの
ちょっと
お兄ちゃん
割り込ま
ないでよ
はるちゃんも
やるー
釣りやろうぜ
釣り
えーっ
やだーっ
できる
かな〜〜〜
キャー
キャー

へ〜〜〜っ
お義母さん ゲーム したの!!
そうなの
ガタッ
珍しく なつきも 交じってね
ハハハ 人気者 だな〜〜〜
ご飯だから ゲーム終わり って言ったら
「え〜〜〜 もうちょっと〜〜」 って言ったのよ お母さん
信じられ ない
アハハハ
でも オレ すごいと 思うよ
お義母さんの 誰とでも 対等なところ

そうなんや
わッ
ピョコ
ブッ
おばあちゃん みたいに 誰とでも 対等な人は
正論は 言わないし 否定も しないんやで
ただ 受け入れる だけ
だから子供は 安心するし 信頼を得るん やで
パタ…
……
トーザン さん ほめすぎ だよねー

え…
なつきが…
ハイ ハイ…
カチャ
…………
コン コン
なつき いるんでしょ
入るわよ
ガチャ!!

とう子
今ね なつきに星の話を聞いていたの
ほら見て
これ なつきが撮ったんだって
ごめんね お母さん
今 それどころじゃないの

さっき担任の先生から電話があったの
志望校のこと聞いたわよ
なんで新町《しんまち》高校なの？
なつきの偏差値ならもっと上ねらえるわよ
おばあちゃん行くね
いてくれよばぁちゃん
たしかに家《うち》は私立に行かせる余裕はないけど
もう少しレベルを上げた方が 将来楽よ

そう言うと思ったから
言えなかったんだよ
そりゃ親なら
少しでも
座りなさい
親ならちゃんと話するときは
上からじゃなく子供と同じ目線で
対等に話しなさい

はい…
母さん
オレ天文学やりたいんだ
公立だと新町高校にしか大きな天体望遠鏡がないんだ
だからどうしてもそこに入りたい

とう子
すごいわね
なつきは
まだ14よ
でも もう
やりたいことを
見つけたのよ
すごい!!

そっか…なつきは天文学をやりたいのか…
オレはいいと思うよ
今日はお母さんのおかげで
ちゃんとなつきの本音を聞けたな…
母親はさ子供に正しいことをしてほしいと思うから
つい 正論を言うし上から目線になっちゃうよな
でも
それじゃ子供は本音を話してくれないのよね

どんな人にも対等か
お義母さんを見習わないと
人は話をするとき
聞き手に対等感を感じられたときから
話をはじめ広がり
そして深まるのです
本当ね…

聞き上手になるポイント ❼

訊《き》かずに、聞く

話を聞く技術とは、相手中心であり、こちらからは話さず、とにかく受け身です。ところが、消極的な聞き方ではなく積極的に聞こうとすると、どうしても**聞く(listen)**が**たずねる(ask)**になりがちです。

「たずねる」のと「聞く」のとのいちばん大きな差は、「たずねる」が質問する人の意図に沿っているのに対して、「聞く」は話し手の意図に沿っていることです。だからたずねてばかりいると、自分が望んでいる情報ばかりを集める結果になり、相手が発したその人なりの情報が得られなくなってしまいます。

【第7話】では、柊家の長男なつきは、高校受験を控えています。進路について、天文学をやりたいという希望を抱いていますが、どうせ反対されるだろうと母親には言っていませんでした。

親は子どもに正しいことをしてほしいと願っていますので、ついつい正論しか言わなくなります。それでは子どもは、親に本音を話してくれなくなるでしょう。

なつきは、怪我をしてしばらく柊家に滞在することになった母方の祖母とは、とてもフランクに話をしています。それは、祖母が子どもたち相手にも、けっして上から目線ではなく、対等に話をするからです。

自己主張するわけでもなく、正論を言うわけでもない。話を聞いて、それを受け入れる。そういう祖母に対してなつきは心を開き、何でも素直に話すことができるようでした。

なつきのおばあちゃんのように、ほんとうの聞き上手は、必要のない質問をしません。だからこそ逆に、話し手は安心して自分の情報を残らず語ることができるのかもしれません。

また聞き上手は、相手の言う内容がどのようなものであろうと、そこには一理あることを認識しています。相手の話をよく聞こう、理解しようとする人は、正しいことにのみ目を向けるのではなく、人間の弱い部分、影の部分に対しても理解があるものです。

第8話

言い訳しない

非難されたときは言い訳せずにじっくり聞き、
悪いところや落ち度があれば謝り、
償うべきことは償えば、
相手は必ず許してくれます。

村山《むらやま》くん
寝ぼうだろ
あれ
ったく
ガタ
つまんない言い訳して
とにかく急ぐぞ
えーっ
バディスーパーに
納品個数が足らなかった
今朝電話があったんだよ
もう商品は届けたけどね
あれ――!?
オレ聞きまちがえたかなー
おっかしいな――
また言い訳…
タタン
タタン

いいか 村山くん こっちのミスだ
誠心誠意 謝るんだぞ
ましてや さっきみたいな 言い訳を
絶対 言うんじゃな
いッ
と… とまったぞ
なに 事故!?
どうした んだ!!
課長 大丈夫ですか
ああ
こりゃ すぐ動かない かもしれませんね
村山くん 電話して

課長
電話
入れたし
あわてなくても
大丈夫ですよ
ハッ
ハッ
何言ってんだ
もう10分も
遅れてるんだぞ
ハッ
ハッ
だって
悪いのは
電車
なんですから
〜〜〜
ハッ
ハッ
ハァ
ハァ
村山くん
電車が
遅れたこと
バディスーパーの
店長に
言うんじゃないぞ
ハァ
ハァ

えッ
なんで
ですか〜
だって
電車のこと
言わなきゃ
ぼくらが
時間に
遅れたって
誤解される
じゃないですか
それは
仕方ない
だろ
え!?
どんな理由で
あれ
遅れて相手に
迷惑を
かけてるんだぞ
まず
謝ることが
優先だ!
なんで…!?

スーパーマーケット
BUDDY
店長
遅れて
申し訳ありません
まーー
商品は届いているからいいけど
ふんわりミートボール
ほら それにさ
村山くんはいつも5分遅れて来るからさ
BUDDY

でも店長
今日は本当に電車が事故で…
ぐいっ
申し訳ありませんでした
IN
まッ約束の時間に遅れるのが
そうげん食品さんの 社風かと思ってたけどね

そうげん食品
ふうーー
課長
コーヒーどうぞ
ありがとう
どうして村山くんは言い訳をするんだろう

え⁉
え⁉
トーザンさん
パパさん
今
そう思ったやろ
だって
トーザンさん
言い訳は
自分を
正当化しようと
するでしょう
だから
みんな
聞きたく
ないし
信頼を
なくすんですよ
確かに
村山くんは
店長から
信頼されては
おらんやろな
それでは
会社としても
困るわけで…

村山くんは……
何故気づかないんだろうか…
質問
なァパパさん
なんで人は
ガンガン
二日酔いになるまでお酒を飲むんやろな
え…そりゃ
ついついすすめられてとか…
でも二日酔いするまで飲まんでもええやん
まァ…
たしかに
なんでなんだろう…

それと
同様
村山くんは
わかってないいんじゃよ
へっ？
なんで
言い訳を
するのか
村山くん自身が
わかっていない
ってことや
……………
じゃ
ためしに
村山くんに
聞いて
みたら？
え〜〜〜
そうかな
〜〜〜

ワイ
ワイ
ガヤ
ガヤ
村山くん
さっきは
お疲れ
ガタッ
課長
絶対誤解
されてますよ
ん
バディスーパーの
店長に
ですよ!
なんで
電車が
事故にあって
遅れたってこと
言わなかったんですか!?

普通はね
人が
遅れてきたら
「何かあったの?」
って
聞かれる
ものなんだよ
村山くん
フーッ
でも さっき
店長は
遅れた理由を
聞かなかったよね
聞かなかった
かわりに
店長が言った
セリフ覚えている?
………
ほら それにさ
村山くんは
いつも5分
遅れて来るから
さ

課長 アレって…
オレ 信頼されてないってことですよね…
なんでかわかる？
君が
言い訳をするからなんだよ
オレ わかってるんですよ
言い訳しちゃいけないって……

さっそく言い訳してる……
ホホホ
オレ…もう無意識に
言い訳しちゃってるんですよね…
でも・・村山くん
それじゃ人から信頼され
あかんッ
村山くんの言い訳する理由を知りたいんやろ
パパさんあかんよ

話を聞くときは
「でも」「しかし」の逆接の接続詞を使ったらあかんよ
でも・しかし・けれど
あ…
逆らわずに話し手の波に
乗るんや!!
課長？
なな ァ村山くん
その言い訳はいつ頃から言うようになったのかな

多分…
小学生の頃からかな…
うちの親父厳しい人だったんですよ
怒ると本当に怖くて怖くて
なぐりはしないんですけど説教が長くて
あのどなり声とつりあがったまゆ毛がたまらなく嫌で嫌で…
とにかく今すぐこの場から逃げようって
言い逃がれしてるうちに…
そうかお父さんに怒られるのが怖くて
言い訳するようになったんだね…

そう
みたいです
じゃ
そんな
村山くんに
いい魔法を
教えよう
もし
自分が悪くて
言い訳
しそうになったら
素直に
謝って
ごらん
ほとんどの
人は
許して
くれるから

そうすれば
信頼とりもどせますかね
それはムリだよ
村山くん
信頼はね破った約束を
守ることでしか回復できないんだ
…………
でもオレは
バディスーパーの担当は村山くん以外考えてないからな

来週
3日間
バディスーパーで特売市やるだろ
返却口
しっかり
うちの商品売ってこい!
はい!
スーパーマーケット
BUDDY

いらっしゃい
ませ――
ご来店のみなさま
そうげん食品の
だしミートボールを
あえて
カリカリに
焼いてみまし
た――
あつい
おだしで
食べてみて
くださーい
はい
おひとつ
どうぞ
ふる ふる

今回
村山くんに
3日間
手伝って
もらったん
だけど
3日とも
必ず
30分前に
来たそうです
彼
変わったね
課長さんの
教育が
よかったのかな
ハハハ
ありがとう
ございます
だし ミートボール

もし
あなたが
約束を破ったのなら

言い訳ではなく
その10倍も約束を
守ることによってしか
信頼は回復されません

相手のグチや抗議を
よく聞いて
相手が何によって
それを償ってほしいかを理解し
それを実行する以外に
道はないのです

聞き上手になるポイント 8

「でも」「しかし」は使わない

日常生活のなかで、軽いグチや抗議が向けられることはけっこうあります。そんなときは、言い訳せずにじっくり相手の言い分を聞いて、自分に悪いところや落ち度がある場合は、とにかく謝るのが得策です。償うべきことがあれば、償うことです。

そうすれば、相手はたいてい許してくれますし、その人との以後の関係は必ずよくなります。

今後もずっと親しい関係でいたい人に対しては、これをぜひ実行してみてください。とくに、配偶者、子どもたち、両親や友人、職場の同僚、上司や部下に実践することをお勧めします。

【第8話】に登場する村山くんのような人は、あなたの身近にも一人くらいおられるのではないでしょうか？　こういう人は、何かというとすぐに言い訳をするために、周りの人たちからは信頼されていないことが多いものです。

「どうして村山くんは言い訳するんだろう」と悩むパパさんに、トーザンは村山くん自身が自分でもよくわかっていないのではないか、村山くん本人にその理由を聞いてみたらどうかと勧めます。

パパさんは、村山くんの話を聞いているうちに、どうしても途中で「でもね、それじゃあ…　…」と彼の話の内容を否定するような言葉を口にしかけ、トーザンに止められます。

相手の話の流れに逆らわずに話を聞こうとするなら、第一に**反論しないこと**、**逆の意見を言わないこと**。これを簡単に行うには、「でも」「しかし」「けれど」という逆接の接続詞を使わないようにすることです。

自分の意見が相手と違うからといって、聞き手が話し手になってしまっては話を聞くことはできません。そして、相手の話に乗れないのであれば、聞き手をおりるしかありません。

聞き上手になるためには、話し手の語る波に乗りながら話を聞くことが大切です。話の内容だけでなく、話し手が語る感情や態度に乗れるように聞ければ、それはさらに一段階上の聞き方だと言えるでしょう。

エピローグ

修了証書

聞く技術を習得すれば、
大切な人との人間関係が構築でき、
信頼関係を得ることができます。
あなたにも修了証書を！

ブロロ
今日は みんなで 釣《つ》りに 行くんやて
ええ 天気や
柊《ひいらぎ》家の みんな よう頑張った
これで 聞き上手の 練習は 終わりや
元気でなー

さァ この本を 読んで くださった みなさま
柊家のみなさん を通して
聞くことの大切さ 聞く技術を 習得できたで しょうか？
聞く技術を 習得していれば
多くの人との 人間関係の 危機が救えます
柊家の みなさんは 本当に 頑張りました
あッ
しまった
渡すの 忘れたーッ

修了証書
柊家のみなさま
あなたたちは聞き上手になるため「聞く技術」の全課程を修了したことを証明いたします
2017年9月20日
魔法使いトーザン

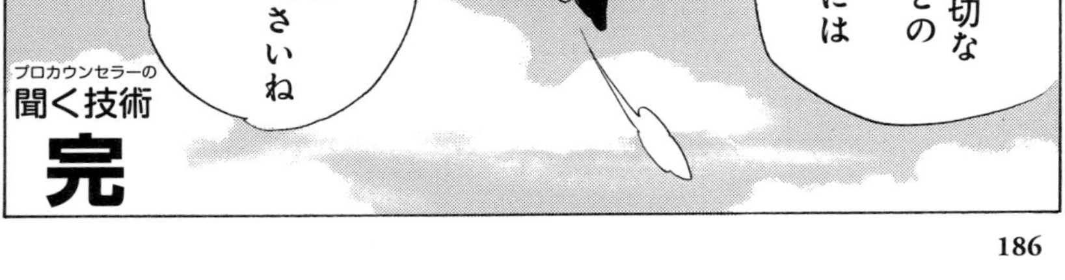
さア みなさん 大切な まわりの人との 人間関係を 円滑にするには
聞き上手に なってくださいね ——っ
プロカウンセラーの 聞く技術
完

本書の原作になった本

プロカウンセラーの
聞く技術

東山紘久 著

四六判・並製・216頁

定価（本体1,400円＋税）

ISBN:978-4-422-11257-2

「沈黙は金、雄弁は銀」「一度語る前に二度聞け」など、昔からしゃべることよりも聞くことの大切さが強調される。もちろん「話す」ことも人間関係の上で大きな影響を与えるが、本当に人の話を「聞く」ことができると、人間関係は驚くほどよくなる。本書は、「聞く」ことのプロであるカウンセラーが、「聞き上手」になるための極意を、実例をふくめてわかりやすく説いた１冊。

著者プロフィール

原作・東山紘久（ひがしやま ひろひさ）

昭和17年　大阪市に生まれる。
昭和40年　京都大学教育学部卒業。
昭和48年　カール・ロジャース研究所へ留学。
平成16年　京都大学理事・副学長就任。
平成20年　同退任。
現　　在　京都大学名誉教授。教育学博士、臨床心理士。

主な著書
『遊戯療法の世界』創元社
『愛・孤独・出会い』福村出版
『子育て』（共著）創元社
『母親と教師がなおす登校拒否――母親ノート法のすすめ』創元社
『カウンセラーへの道』創元社
『プロカウンセラーの聞く技術』創元社
『プロカウンセラーの夢分析』創元社
『プロカウンセラーのコミュニケーション術』創元社
『プロカウンセラーが読み解く女と男の心模様』（共著）創元社
『子どものこころ百科』（編著）創元社
他多数。

漫画・早川恵子（はやかわ けいこ）

静岡県で2月に生まれる。育ちは各地色々。
川崎の市立高校を卒業後「バディプロダクション」入社。
以後ひたすら漫画執筆。
趣味はバレーボール、ゴルフ観戦、旅。

主な作品
「家庭救助犬リーチ」（プレイコミック　秋田書店）
「優駿の門　アスミ」（プレイコミック　秋田書店）
大人のぬり絵「しばじろう草枕」（愛育社）
学習まんが「日本の歴史」（4、5巻）（集英社）

作画スタッフ

バディプロダクション

マンガで読《よ》み解《と》く
プロカウンセラーの聞《き》く技術《ぎじゅつ》

2017年9月20日　第1版第1刷 発行

原　作　東山紘久 ©Hirohisa Higashiyama 2017
漫　画　早川恵子 ©Keiko Hayakawa 2017
発行者　矢部敬一
発行所　株式会社　創元社
http://www.sogensha.co.jp/
〈本　　社〉〒541-0047 大阪市中央区淡路町4-3-6
TEL.06-6231-9010（代）　FAX.06-6233-3111
〈東京支店〉〒162-0825 東京都新宿区神楽坂4-3 煉瓦塔ビル
TEL.03-3269-1051
装　丁　佐藤雄喜
編　集　大竹力三
印　刷　図書印刷株式会社
製　版　有限会社　双葉写植

Printed in Japan
ISBN978-4-422-11666-2 C0011